ZEPHIRE

ET

FLORE,

PASTORALE.

Repréſentée, pour la premiére fois, ſur le Théâtre
de Roüen, le Jeudi 14 Février 1754.

Ver erat, errabam, Zephyrus conſpexit, abibam,
Inſequitur, fugio, fortior ille fuit.
Ovid. Faſt. l. 5.

A ROUEN,

Chez **MACHUEL**, Imprimeur-Libraire, ruë
S. Lo, vis-à-vis le Palais, au Bien-Aimé.

M. D CC. LIV.

AVEC PERMISSION.

ZEPHIRE
ET
FLORE,

PASTORALE.

ACTEURS.

ZEPHIRE.

FLORE, Bergere.

BORE'E.

DORIS, Confidente de FLORE.

ZEPHIRE
ET
FLORE,
PASTORALE.

❋❋❋❋❋❋❋❋❋❋❋❋❋❋❋❋❋❋❋❋❋❋❋❋

*Le Théâtre repréſente un Païſage agréable,
un Ruiſſeau dans un des côtés, une Prairie
au pied d'une Montagne.*

SCENE PREMIÉRE.

BORE'E.

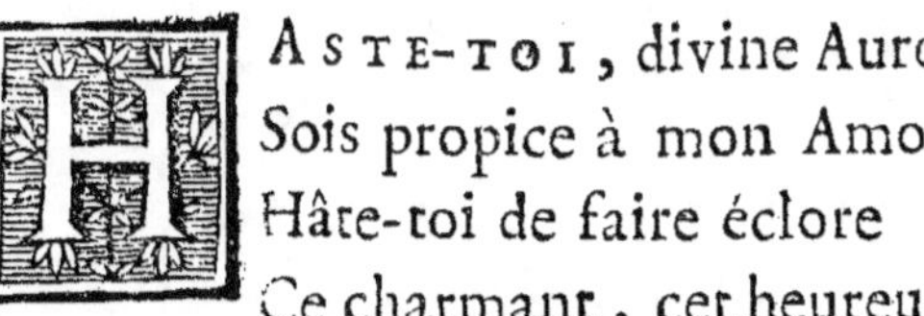

AIR. *Votre cœur, aimable Aurore.*

HASTE-TOI, divine Aurore,
Sois propice à mon Amour,
Hâte-toi de faire éclore
Ce charmant, cet heureux jour,
Que la beauté que j'adore
A choiſi pour ſon retour.

A iij

Même Air.

Pour efcorter ma Bergére,
Sur fes pas, volez, Zéphirs,
Des Amours fuivez la Mere
Et la Reine des Plaifirs,
Rendez fa courfe legére
Par vos plus tendres foupirs.

Même Air.

Arbres, de votre feuillage
Préparez-lui les douceurs,
Vous, Oifeaux, d'un doux ramage
Formez les fons enchanteurs.
Prés qui bordez fon paffage
Ornez-vous de mille fleurs.

SCENE II.

ZEPHIRE, BORE'E.

BORE'E.

AIR. *O ma Bergére, viens seulette.*

NE pourrai-je pas sur l'herbette,
O lon lan la landerira.
Trouver quelque Nymphe seulette,
O lon lan la landerirette,
O lon lan la landerira.

AIR. *Mon petit doigt me l'a dit.*

Mais je ne voi rien paroître,
En cet asile champêtre,
Qui puisse me divertir.

BORE'E.

A ce ton de Petit-Maître,
Pourroit-on vous méconnoître
Pour le volage Zéphir.

AIR. *Dans un détour.*

Toujours heureux !
L'Amour couronne tous vos vœux,
Zéphire amoureux,
Ne forme point de desseins
Vains.

ZEPHIRE.

Effleurer le plaisir

A iv

8 ZEPHIRE ET FLORE,

Eſt le but du deſir
D'un Zéphir.
Imitez
Ma façon, voltigez
De beautés en beautés.

BORE'E.

AIR. *C'eſt ma Deviſe.*

Plûtôt périr,
Je veux chérir
Mon eſclavage.

ZEPHIRE.

Y penſez-vous,
Il eſt plus doux
D'être volage.
Toujours languir,
Toujours gémir,
Pure ſottiſe.
Toujours content,
Toujours chantant,
C'eſt ma deviſe.

AIR. *Et j'y pris bien du plaiſir.*

De vous Flore eſt adorée,
Elle mépriſe vos feux,
Croyez-moi, mon cher Borée,
Adreſſez ailleurs vos vœux.
Si quelquefois je m'enchaîne,
C'eſt pour flatter mon deſir.
De l'Amour je fuis la peine,
Je n'en prends que le plaiſir.

AIR. *Quel myſtére.*

Sage Abeille,
Quand tu ſuces legérement
La fleur vermeille,
Tu réveille
Ton plaiſir par le changement.
Chaque matin
L'objet de ton butin
Reprend ſa fraîcheur de la veille,
Et toujours à tes deſirs
Offre de nouveaux plaiſirs.
Sage Abeille, &c.

Le Papillon leger
Qu'on voit ſans ceſſe voltiger,
Par ſon feu paſſager
Tu nous invite à changer.
Il cueille des faveurs
Sur toutes les fleurs,
Suivons ſa leçon,
Non
Je ne ſuis point volage
A nos Bergéres tour à tour
Quand je partage
Mon hommage,
C'eſt toujours cultiver l'amour.

AIR. *Courons d'la blonde à la brune.*

Tout ce qui nous environne
Varie à tous les inſtans.
Après l'Eté ſuit l'Automne,

Après l'Hyver le Printems.
Si l'orage
Fait ravage,
Le calme vient à son tour.
Le visage
Change avec l'âge,
La nuit fait place au jour.
Si les saisons, si l'orage,
Les vents,
Le visage,
Les tems
Sont changeans,
Suivons un tel usage.

B O R E' E.

Même Air.

Tout ce qui nous environne
Nous défend d'être inconstans,
Tous les ans Cérès couronne
Des mêmes épis nos champs,
La riviére
Tributaire
Vers la Mer coule toujours.
La lumiére
Qui nous éclaire
N'interrompt point son cours.
Si l'Océan, la Riviére,
Les ans,
La lumiére,
Les champs

Sont conftans,
Vivons à leur maniére.

ZEPHIRE.

AIR. *Tout roule aujourd'hui dans le monde.*

Moi, je m'en tiens à la fleurette,
Que l'homme eft fot de s'engager,
Il eft dupé par la Coquette,
La Prude le fait enrager.
Avec la Sotte il eft à plaindre,
La Laide peut fe négliger,
La Spirituelle eft à craindre,
Que l'homme eft fot dë s'engager.

BORE'E.

AIR. *J'aime une ingrate Beauté.*

Flore me tient fous fa loi,
Comment pouvoir m'en défendre;
Le plus doux plaifir pour moi,
C'eft de la voir, de l'entendre.
Le pouvoir de fes yeux
Soumet le plus rebelle,
Ses propos gracieux
Le retiennent près d'elle.

Même Air.

Sous fes jolis doigts, l'Amour
Embellit ce qu'elle touche,
Auffi pur que le beau jour
Son cœur parle par fa bouche.
Cette Beauté fans fard,

Tableau de la nature,
Sans le ſecours de l'art
Compoſe ſa parure.

Même Air.

Elle charmeroit les Dieux
Mieux que Venus & l'Aurore;
Heureux qui voit ſes beaux yeux,
Plus heureux qui les adore:
Le comble des plaiſirs
Eſt pour un Amant tendre,
Qui peut par ſes ſoupirs
L'engager à ſe rendre.

ZEPHIRE.

AIR. *Reſonnez ma Muſette.*

Adieu, comptez vos peines
Aux rochers, aux fontaines;
Puiſſiez-vous voir un jour
Couronner votre amour.

AIR. *Des Fleurettes.*

Je vais dans le Village,
Près de quelque beauté,
Par un folâtre hommage
Flatter ſa vanité.
Et par forme d'amuſette
Si je trouve Flore ici,
Je lui pourrai bien auſſi
Compter fleurette.

SCENE III.

FLORE, DORIS, *Compagnes.*

FLORE.

Air. *Quittez vos houlettes.* Nº. 1.

Brisez vos houlettes,
Et de ces retraites
Bannissez l'Amour.
Brisez, &c.
Evitons ses armes,
Méprisons ses charmes, } *bis.*
Dans ce séjour.
Brisez vos houlettes, &c.

CHOEUR.

Brisons, &c.

FLORE.

Cruel Amour, qui causes la souffrance
Des malheureux dont tu te rends vainqueur ;
Contre tes feux la douce indifférence
Sçaura préserver notre cœur.

Brisez vos houlettes
Et de ces retraites
Bannissez l'Amour.

CHOEUR.

Brisons, &c.

SCENE IV.
FLORE, DORIS.
DORIS.

AIR. *J'entens déja le bruit des armes.*

DEvez-vous tenir ce langage,
Nulle Nymphe n'a parmi nous
Tant d'attraits que Flore en partage,
Nombre d'Amans à vos genoux
A l'envi vous rendent hommage,
Les Dieux même brulent pour vous.

FLORE.

AIR. *Pour faire honneur à la nôce.*

Dans la sage indifférence
On trouve la félicité.
Heureux qui rempli de fierté
Brave l'Amour & sa puissance.
Dans la sage indifférence,
Il trouve sa félicité.

DORIS.

AIR. *Vous qui du vulgaire stupide.*

L'Amour régne sur la nature,
Vous y serez soumise un jour,
C'est en vain que notre cœur jure
D'éviter à jamais sa cour.
Il vient un tems où le parjure

PASTORALE.

Eſt contraint d'aimer à ſon tour,
Il paye alors avec uſure
Les momens paſſez ſans amour.

AIR. *Aimer tout le monde.*

Votre humeur s'adoucira,

FLORE.

Je ſuis inflexible.

DORIS.

Le tendre Zéphir ſçaura
Vous rendre ſenſible, *bis.*

FLORE.

AIR. *Non, non, Colette n'eſt point trompeuſe.*

Non, non, le Zéphir n'eſt qu'un volage,
Inconſtant dans ſes plaiſirs.
Tour-à-tour à chacune il s'engage,
Et proméne ſes deſirs.
Toutes les fois que l'Aurore
Nous annonce un nouveau jour,
Du Zéphire on voit éclore
Nouveaux feux, nouvel amour.
Non, non, le Zéphir n'eſt qu'un volage,
Inconſtant dans ſes plaiſirs,
Tour-à-tour à chacune il s'engage,
Et proméne ſes deſirs.

DORIS.

AIR. *Nous ſommes Précepteurs d'Amour.*

A vos appas cet inconſtant
En vous voyant rendra les armes,

Et c'eſt un triomphe éclatant
Que l'Amour réſerve à vos charmes.

FLORE.

AIR *du* GRONDEUR.

Non, ſon eſpérance eſt vaine,
S'il croit pouvoir m'enflâmer.
Je n'aurai que de la haine
Pour un Amant ſi leger.
Si le recit de ſa peine
Parvenoit à me toucher,
Ma fierté romproit la chaîne
Que mon cœur voudroit forger.

DORIS.

AIR. *Quand le péril eſt agréable.*
A l'Amour tout devient poſſible,
Et le zéphir vous a charmé,
On dit d'un air moins animé
Que l'on eſt inſenſible.

FLORE.

AIR. *Il ne faut jurer de rien.*
Pourquoi découvrir un feu
Que je m'efforce de taire,
Laiſſez-moi rêver un peu
Dans ce boſquet ſolitaire.

DORIS.

Tantôt ne diſois-je pas bien
Qu'un Amant pourroit vous plaire,
Tantôt ne diſois-je pas bien
Qu'il ne faut jurer de rien.

SCENE

SCENE V.

FLORE.

A I R. *Quand vous entendrez le doux zéphir.*

Fuyons l'Amour & ſes traits vainqueurs ;
Ne portons point ſes funeſtes chaînes,
Il nous enchante, mais ſes douceurs
    Sont toujours inhumaines.
      Le plus charmant
      N'eſt qu'un inconſtant,
Pour le Zéphire j'aurois du penchant ;
      Mais ce volage
      Feroit outrage
      A mon ſentiment.
Fuyons l'amour, &c.

SCENE VI.
FLORE, BORE'E.
BORE'E.

AIR. *Tendre fruit des pleurs de l'Aurore.*

Voici la Beauté que j'adore,
  C'est l'Amour qui l'offre à mes yeux.
Restez, restez, aimable Flore !
Soyez l'ornement de ces lieux.

FLORE.

AIR. *Donnez, Amans, mais donnez bien.*

C'est par ce doucereux langage
Que l'amour entre dans un cœur,
On écoute un discours flatteur,
Et sans y penser l'on s'engage.

BORE'E.

Les loix qu'impose ce Vainqueur,
Sont des loix pleines de douceur.

AIR. *Sans le Dieu de la tendresse.*

Quand on n'a pas le cœur tendre,
Il n'est point de jours heureux,
Souvent l'ennui vient surprendre
Parmi les ris & les jeux.
Quand on n'a pas le cœur tendre,
Il n'est point de jours heureux.

FLORE.

AIR. *Un cœur sauvage.* N°. 2.

Je veux sans cesse
Garder ma liberté,
Mon cœur a toujours résisté
A la tendresse.

BORE'E.

Une Nymphe tâche en vain
De s'en défendre,
L'Amour trouve le moyen
De la surprendre.

FLORE.

AIR. *Le Savetier matineux.*

Si des fléches de l'Amour
Je suis jamais pénétrée,
Si je fais un choix un jour,
Ce ne sera pas Borée, *bis.*

BORE'E.

AIR. *Votre Toutou vous flatte.*

Quelle affreuse nouvelle
Pour mon feu malheureux !
De votre Amant fidèle
Vous dédaignez les vœux,
Cruelle,
Je respirois sous vos liens,
Tous vos desirs, *bis.* étoient les miens.

A I R. *La mort de mon cher Pere.*

Un jour fous ce feuillage
Un Roſſignol caché
Vous plut par fon ramage,
Je vous le dénichai,
Pour mettre en efclavage
Ce petit prifonnier,
Je vous fis une cage
Avec un tendre ofier.

Même Air.

Le zèle qui m'engage
A fçu l'aprivoifer,
Docile au badinage
Il fe laiſſe baifer.
Si dans le voifinage
Il vole quelquefois,
Il revient à fa cage
Au fon de votre voix.

A I R. *Le Seigneur Turc a raifon.*

J'excite votre courroux
    Par mon feu fincére.
Je ne vivois que pour vous,
Mon exil eft néceſſaire.
Il faut d'ici me bannir,
Adieu, je vais me punir
    D'avoir pû vous déplaire.

SCENE VII.

ZEPHIRE, FLORE.

ZEPHIRE.

Air. *Des caractéres de l'Enfance.* N°. 3.

Dans ces fortunés afiles
Tout rit, tout charme nos fens,
Des plaifirs purs & tranquiles
Y couronnent les Amans.

Viens Flore, dans ce bocage
Satisfaire à mon defir,
Ce myrthe par fon feuillage
Servira d'ombre au plaifir.

Des oifeaux le doux ramage
Chante leur félicité :
Ils n'ont de fons en partage
Que ceux de la volupté.

Vois-tu la verte fougere
Qui s'éléve en ce verger,
C'eft un trône où la Bergére
Reçoit les vœux du Berger.

Cette fource vive & pure,
Le brillant éclat du jour,
Ce gazon, cette verdure,
Tout nous invite à l'amour.

Viens, Flore, dans ce bocage
Satisfaire à mon defir,
Ce myrthe par fon feuillage
Servira d'ombre au plaifir.

FLORE.

AIR. *Ce Ruiffeau qui dans la plaine.*
TITON ET L'AURORE.

Les Nymphes de ces retraites
Tour-à-tour vous font la loi.
Le tribut de vos fleurettes
Aujourd'hui s'adreffe à moi. } *bis.*
Mais pourrois-je être attendrie
Par les difcours d'un Amant,
Les fleurs de cette Prairie
Font tout mon amufemént. } *bis.*

ZEPHIRE.

AIR. *Entre l'Amour & la Raifon.*

L'amour foumettra votre cœur.

FLORE.

J'éviterai ce fier vainqueur,
On le fuit, quand on fçait le craindre.

ZEPHIRE.

Son pouvoir ne peut s'égaler,
Il a des aîles pour voler,
Et fçait lorfqu'il veut nous atteindre.

FLORE.

A i r. *Du Cap de bonne Espérance.*

Quand il ne fait que de naître,
Son plumage est foible encor.

ZEPHIRE.

Quand on vient à le connoître
Il a déja pris l'essor.
Il est alors invincible,
Cet enfant devient terrible,
Il lance ses feux sur nous
Ou nous perce de ses coups.

FLORE.

A i r. *Est-il de plus douces odeurs.*

Deux Bergers de notre Hameau
    Eurylas & Philene,
Célébroient sur leur chalumeau
    Le Dieu qui nous enchaîne,
Je voyois à leurs doux accens
    Nos Bergeres se rendre.
Ils ont même attendri mes sens
    Mais j'ai sçu m'en défendre.

ZEPHIRE.

A i r. *J'ai donc perdu ma chére Héléne.*

Si c'est à l'Amant le plus tendre
Que vous destinez votre foi,
Qui plus que moi peut y prétendre
Qui le mérite mieux que moi.

AIR *noté*. Nº. 4.

Quand vous marchez dans la plaine,
Toujours prompt à vous servir
A vos côtés le Zéphir
De son amoureuse haleine
A soin de vous rafraîchir.
Et par un tendre soupir
Exprime à sa Souveraine
Ses transports & son desir,
Et par un tendre soupir
Exprime à sa Souveraine
L'ardent amour qui l'améne.

AIR *noté*. Nº. 5.

Autant que je le puis, je ne vous quitte pas,
On m'entend murmurer tout bas,
Quand du destin les loix cruelles
M'obligent de quitter ces lieux remplis d'apas;
Et quand je reviens sur mes pas,
Pour voler jusqu'à vous l'Amour soutient mes aîles,
Et me raméne en ces climats.

FLORE.

AIR. *Gardons nos Moutons.*

Je m'amuse à vous écouter,
C'est être un peu coquette,
Adieu, Zéphir, c'est trop prêter
L'oreille à la fleurette.
Gardons nos moutons
Lirette, liron
Liron, liré, lirette.

SCENE VIII.
ZEPHIRE.

AIR. *Ton humeur est Catherine.*

VOus méprisez ma tendresse,
Flore , vous quittez ces lieux,
Et de l'ardeur qui me presse ,
L'aveu me rend malheureux.
Près de la beauté qu'on aime
Le respect doit nous régler.
Mais quand l'amour est extrême ,
Peut-on le dissimuler.

AIR. *J'étois seule en un bocage.*

Comme un Papillon volage ,
Aux beautés de ce séjour
J'adressois un vain hommage ,
Mais je suis pris à mon tour.
Enfin le coquet Zéphire
  Soupire ,
 Est amoureux.
Flore qui régne en mon ame
  L'enflâme
 De mille feux.

AIR. *Vaudeville du* POIRIER.

Vien remporter une victoire,
Amour sur ce cœur endurci,
Ce triomphe manque à ta gloire.

SCENE IX.

ZEPHIRE, DORIS.

DORIS.

EH, oui, oui, oui,
Fiez-vous-y,
Une Fille prude & févére,
Nous paroît novice en amours,
Par un voyage de Cythére,
Son cœur en connoît tous les tours.

ZEPHIRE.

*A*IR. *Je n'en veux pas davantage.*

L'amour a-t'il de fon ame
Vaincu la févérité,
Puis-je en lui jurant ma flâme
Me flatter d'être écouté.
Aprens-moi fi mon hommage
A fait fur elle impreffion.

DORIS.

Eh, non, non, non,
Je ne dis rien davantage.

ZEPHIRE.

*A*IR. *A mon cœur en ce féjour.*

Volons après ma Bergére,
Dieu de Cythére,

Fais mon bonheur.
Vien defarmer fa rigueur
Pour un Amant tendre & fincére.
A fon cœur parle en ce jour,
Triomphe , Amour,
Triomphe , Amour.

SCENE X.
DORIS.

AIR. *Et lon lan la toureloure.*

Heureux Zéphire, cours,
Assure ta conquête,
De myrthes les Amours
Vont couronner ta tête, ô gué.
Et lon lan la toureloure louriré,
Et lon lan la toureloure.

A ses ardens soupirs
Cedez, aimable Flore,
Rendez-vous aux desirs
D'un cœur qui vous adore, ô gué.
Et lon lan la toureloure louriré, &c.

Flore vient en marchant
De tomber dans la plaine,
Le Zéphir triomphant
Sur ses pas la raméne, ô gué.
Et lon lan la toureloure louriré, &c.

Belles, n'espérez pas
Vous sauver par la fuite,
On peut faire un faux pas
Dont le Berger profite, ô gué.
Et lon lan la toureloure louriré
Et lon lan la toureloure.

SCENE XI.

ZEPHIRE, FLORE, DORIS.

ZEPHIRE.

Air. *L'orage Jur ma tête.*

DE l'ardeur la plus pure
Quand je vous fais l'aveu,
Vous me faites injure
En doutant de mon feu.
C'eſt un Dieu qui vous aime,
Pourquoi me fuyez-vous ?
Mon bonheur eſt extrême
Si je ſuis votre Epoux.

Air. *Dieu des Ames.*

D'un volage
Qui s'engage
Recevez l'empreſſement,
Je vous aime,
L'amour même
N'aime pas plus tendremen'
Oui ma flâme
Dans mon ame
Ne pourra jamais finir.
Ma tendreſſe
Croit ſans ceſſe
Répondez à mon deſir.

FLORE.

A I R. *Trois Enfans gueux.*

Si de l'Amour je subissois la loi,
Je veux un cœur qui soit tendre & sincére,
Et qui jamais jamais n'aime que moi,
Celui-la seul aura droit de me plaire.

D O R I S.

A I R. *Flore en nos champs rétablit son empire.* N°.

Quand le Zéphire est auprès d'une belle,
Il lui promet de l'aimer constamment,
Il lui promet une ardeur éternelle,
C'est le portrait du plus fidèle Amant.
Mais aussi-tôt qu'il est éloigné d'elle,
Notre volage a rompu son serment.
Mais aussi-tôt qu'il est éloigné d'elle,
Notre inconstant retourne à son penchant.

ZEPHIRE.

A I R. *Le Savetier matineux.*

D'un amour tendre & constant
Vos attraits vous sont un gage,

FLORE.

Vous étiez volage Amant
Vous serez époux volage, *bis.*

ZEPHIRE.

A I R. *Babet que t'es gentille.*

Flore, en vous possédant

Peut-on être infidèle,
Votre éclat renaissant
Vous rend toujours plus belle,
Qui voit vos beaux yeux
Par de nouveaux feux
De jour en jour s'engage.
Vous allez fixer tous mes vœux,
Mon hymen vous égale aux Dieux,
Consentez à me rendre heureux,
Zéphir n'est plus volage. *bis.*

ENSEMBLE.

AIR. *Si nos Amans.* N°. 6.

Que nos Amours
Durent toujours,
Demeurons-nous toujours fidèles.
Qu'aux vrais Amans
Nos feux constans
A jamais servent de modèles.

SCENE XII.

ZEPHIRE, FLORE, BORE'E, DORI

BORE'E.

AIR. *Des Trembleurs.*

Zephire est aimé de Flore,
Un feu jaloux me dévore,
Mes yeux sont témoins encore
D'un nœud qui m'est si fatal.
Quel spectacle pour ma rage,
Est-ce ainsi que l'on m'outrage,
Du prix de mon tendre hommage
Vous couronnez mon Rival.

AIR. *Nous autres bons Villageois.*

J'étois le jouet honteux
D'une coquette & d'un volage.
J'avois pensé que vos yeux
De l'Amour ignoroient l'usage.
Votre cœur, à ce que je voi,
N'étoit inhumain que pour moi.
Mon Amour se change en fureur,
Je reviens de mon erreur.

FLORE.

AIR. *Ce n'est qu'à la délicatesse.*

Un torrent du haut des Montagnes
Précipite

Précipite ſes flots fougueux,
Dans les malheureuſes campagnes
Il excite un ravage affreux :
Mais il paſſe avec ce qu'il roule,
Et plus paiſible dans ſon cours
        Ce ruiſſeau coule
Ce ruiſſeau coulera toujours.

B O R E' E.

A ɪ ʀ. *Bouchez, Nayades, vos fontaines.*

A tout ce qui pourra vous plaire
Je ferai ſentir ma colére,
Vous aimez les fleurs, & les fleurs
Seront l'objet de ma vengeance.
Vous connoîtrez à mes fureurs
Si c'eſt en vain que l'on m'offenſe.

SCENE XIII.

ZEPHIRE, FLORE, DORIS.

ZEPHIRE.

AIR. *De tout tems le jardinage.*

L Aissez passer cet orage,
La fureur est le langage
De tout Amant méprisé.
Mon souffle tendre & volage
Réparera le dommage
Que Borée aura causé.

FLORE.

AIR. *Allons danser sous les Ormeaux.*

Unissez-vous, jeunes Bergers,
Chantez le Dieu qui nous engage,
Unissez-vous, jeunes Bergers,
Accourez-tous en ces vergers.

Que l'Univers lui rende hommage,
Que tout soit soumis à ses loix,
Il sçait triompher à la fois
D'une insensible & d'un volage.

Unissez-vous, jeunes Bergers
Chantez le Dieu qui nous engage,
Unissez-vous, jeunes Bergers,
Accourez-tous en ces vergers.

Toute la terre eſt en butte à tes traits,
Et l'olympe eſt peuplé de tes ſujets.
     Maître des Dieux,
     Reçoi nos vœux,
     Comble nos cœurs
     De tes faveurs.
Quelle liberté vaut ton eſclavage.

    Uniſſez-vous, &c.

On danſe.

DORIS, *à la tête des Bergers & Bergéres.*

AIR *noté.* N°. 7.

Amour, ton pouvoir invincible
Eſt adoré dans ce ſéjour,
Il n'eſt plus chez nous d'inſenſible,
Tous nos cœurs connoiſſent l'amour.

Rien n'eſt ſi doux que ſon empire,
Les plaiſirs compoſent ſa cour,
Flore vient de choiſir Zéphire,
Tous nos cœurs connoiſſent l'amour.

Nous ne changeons point par caprice,
Nos Bergers aiment ſans détour,
Nos Bergéres ſans artifice,
Tous nos cœurs connoiſſent l'amour.

ZEPHIRE.

Quand les oiſeaux de nos bocages,

Pour annoncer l'Aftre du jour,
Uniffent leurs tendres ramages,
Qui les éveille ? c'eft l'amour.

FLORE.

Dans nos Jardins aux fleurs nouvelles,
Quand les Papillons font la cour,
Qu'ils voltigent, battent des aîles,
Qui les anime ? c'eft l'amour.

DORIS.

Quand le Printems fe renouvelle,
L'aimable Flore eft de retour,
Le Zéphir revient avec elle,
Qui les raméne ? c'eft l'amour.

FLORE.

Quand Philis au bois va fe rendre,
Tircis par un autre détour
A toujours foin de la furprendre,
Qui les raffemble ? c'eft l'amour.

VAUDEVILLE. N°. 8.

VOus qui voulez à votre ardeur
Rendre fenfible un jeune cœur,
Si vous blâmez fon caractére,
Borée à vos defirs contraire
    Vous repouffera.
Façonnez-vous à fes maniéres,
Et bien-tôt auprès des plus fiéres
Le Zéphir vous introduira.

Jeunes Blondins, de votre feu
Si rien n'accompagne l'aveu,
En vain vous vous flattez de plaire,
Borée à vos defirs contraire
    Vous repouffera.
Mais joignez l'or à vos fleurettes,
Bien-tôt chez toutes nos coquettes
Le Zéphir vous introduira.

Vous qui voulez, nouveaux Commis,
De Plutus être Favoris,
Si votre ame eft douce & fincére,
Borée à vos defirs contraire
    Vous repouffera.
Soyez durs, pleins de fuffifance,
Dans tous les Ports de la Finance
Le Zéphir vous introduira.

Jeunes & généreux Seigneurs,
L'Amour vous promet tous les cœurs,
En vain de l'Isle de Cythére
Borée à vos desirs contraire
  Vous repoussera.
Voguez sous d'heureuses étoiles,
Dans tous les Ports à pleines voiles
Le Zéphir vous introduira.

Vous dont les beaux jours sont passés,
Reposez-vous, Vieillards cassés,
Si vous voulez gagner Cythere,
Borée à vos desirs contraire
  Vous repoussera.
N'ayant plus ni mâts, ni cordages,
Croyez-vous qu'au Port, sans naufrages,
Le Zéphir vous introduira.

D'un Ouvrage nouveau l'Auteur
Ne se montre qu'avec frayeur,
S'il a le malheur de déplaire,
Le siflet à ses vœux contraire
  Le repoussera.
Mais si par bonté le Parterre
Porte un Jugement moins sévére,
Le succès le ranimera.

<hr>

Permis d'Imprimer & Distribuer, à Rouen ce
4 Mars 1754. VARNIER.

www.ingramcontent.com/pod-product-compliance
Lightning Source LLC
LaVergne TN
LVHW021640170726
843501LV00007B/2335

9 782329 649979